AF607038
AVERSO

NAKBAS

Julián Gandía

Número 52 de la Colección **PERVERSA**

Nakbas

Edición al cuidado de Averso Poesía
www.aversopoesia.com

hola@aversopoesia.com

Primera edición: agosto de 2025
ISBN: 979-13-990436-9-3
Depósito Legal: GR 1167-2025

Impreso en España - *Printed in Spain*

El papel utilizado para la impresión de este libro está calificado como papel ecológico y procede de bosques gestionados de manera sostenible.

NAKBAS

JULIÁN GANDÍA

A mi hermano Pedro

«La humanidad quiere convertir
a los poetas en periodistas,
agentes de publicidad o sacerdotes…
pero el poeta no es nada de ello.
Es solo alguien que responde a preguntas
formuladas por algo que se asemeja a la nada».

Juan Eduardo Cirlot

PAISAJES ABANDONADOS

LAGO

huidas las galaxias
cuando llegue el frío
te envolverá una noche ciega
sin que le pese al cielo
su hija extraña

de aquí a donde lleguemos
interminables lagos
blancos de orillas gélidas
corazas de cristal
posadas en la nieve
y animales bramando
más allá del color
tranquilo de la escarcha

no mires hacia atrás
ya nada permanece

silentes y desprovistos de brillo
nos iremos de aquí con otro nombre
no el nuestro envenenado y salvaje
entre las flores ajadas
que ofrenda una mano fría
sin saber de amor ni de odio

viendo caer tenaz la luz
en noche indescifrable
vaciados antes de la ruina
seremos al fin emisarios
de la nada

OCASO

al filo del abismo
misteriosos los árboles
surcan las cordilleras
donde arpas polvorientas
inútilmente esperan
dedos en que vibrar

día a día recibo
los mensajes del mundo
bajo nieves posándose
en el cristal opaco
del gastado ataúd

llega un tenue reflejo
de luchas cotidianas
o estéril soledad
frente al maltrecho pórtico
labrado de leones
hieráticos y envueltos
en densas vides pétreas

mezquitas saqueadas
se pliegan lastimosas mientras la vida sigue
por lejanos jardines de impetuosas flores

es ahora el instante
de lívidos desnudos como frisos de mármol
de eriales y de ruinas y rotos cenotafios
donde una roca cóncava
radia esfinges fundidas

bajo cúpulas de fecundas raíces
ciñendo majestuosas mi caverna
hundido en las profundidades de la tierra
habitante soy de un paraíso maldito

en el silencio escucho fluir arroyos
los lejanos rumores de los mares
las savias ascendiendo hasta las flores

soy el muerto que vive
en la estrella sin nombre

soledad del trapecio
sobre el que a veces cantan
pájaros-flor huidizos
a sonrisas lunares
o a ese astro agitado
que insistente reclama
la inaprensible copia
de tu imagen

vuelo al plácido estuario
de tan profundas aguas
que sordas tintinean
en cristalinas copas

sus amargos licores
serpean por el agua
alejando de mí
tormentos olvidados

Retorno al principio, en bucle interminable, por túneles de mundos especulares.
Retorno al vacío de infinitos ámbitos, espejismos de oráculos, ecos de arcanos rugidos.
Retorno hasta radiantes horizontes, estampados en gigantescas vidrieras.
Pero, ahora, detente. Acércate. Reconóceme bajo este mi rostro desfigurado, funámbulo sobre hilos de luz, de camino a enigmáticos cuásares.

anchos y caudalosos ríos bajan
de ocultos montes negros y sus fuentes

espirales de días se suceden
las ondas se repiten por el lago

NOX TENEBRARUM

Hay árboles que emanan densas constelaciones
sobre la tensa quietud de sus troncos.
Raíces hay que absorben savia de planetas
que abandonan su traslación modelada.
Hay zumbidos que surgen, caliginosos,
de subterráneos corpúsculos de magma,
en cuyo núcleo persiste el pulso de la nada.

Trémulo, tú, por siempre penderás
de ese mismo fulgor, destrucción o vacío.

atraviesas devastados bosques
rozando satélites febriles
escapas de ruinas milenarias
invadidas de infectos musgos

intensas voces de armonías sincopadas
resuenan bajo luces sanguinolentas
mientras te adentras por imantadas simas

huidizo espectro en noche tenebrosa
sudario de ceniza ensangrentada
eres sobre esta tierra desolada
colmada de venenos sulfurosos

los delicados rasgos de tu rostro
anónimos persisten bajo el lienzo
mientras eso eras eres y serás
un eslabón perdido bajo el lodo

exhausto abdicarás al fin
de ese panteón de sortilegios
incapaz de cautivar a nadie
convertido en volátiles rastros
sobre el rubor de un tenue cielo

intenta adormecer el odio
en los plácidos lechos del tiempo
y recuerda la falsa armonía
desde donde un día surgiste
para poder escupir la infamia
de tu supremacía caduca

NAKBAS

deslucido
afónico para el canto
y entregado el cuerpo
a las colosales manos del verdugo

escapar o morir
morirse en las arenas
bajo el sol despojado
de la ambición vivida

plenitud de las fuentes del olvido
testimonio de sueños truncados
donde naúfragas llegan las palabras

manos que cercenaron
tantas cuerdas vocales
son ya eclipses de soles
donde inmersos cipreses
forzados por corrientes
de cenizas se nutren
del poder de amuletos
que cayeron al fondo
y nadie reclamó

tras el fragor de las bombas
fosas atraviesan campos
engullendo masacrados

alejado de tibios lechos
y atacados los ojos por aves
se han olvidado de ti

las bellas artes te colorean
de verdosos azules pálidos
entre rosas de mustias coronas

en humillados e inhóspitos paisajes
son abandono y escoria
los emblemas de tu reino

la arena ha sepultado mezquitas
junto a cuerpos sin vida de orantes
abrazados a recién nacidos

imperturbable un ángel
secciona cráneos
y rocía de azufre las riberas

cromados los escombros
por una luna lívida
velarán el duelo de los muertos
sin jueces que dicten las sentencias
contra los sanguinarios asesinos

al norte aire y fuego
al sur decapitados

los incontables hijos
no habitarán futuros
pues destruyó la furia
a todas las doncellas

pervive solo el humo
tenaz del exterminio

despiadados soldados asolan los refugios
en desveladas noches y en angustiosos días
a través de una tierra saturada de heridos

vano será ese mar de lágrimas vertidas
junto a vidrieras rotas de mezquitas sin puertas
y quiblas donde gatos deambulan fantasmales

comensales de escandalosos ágapes
codician de los brocados las perlas
miran los campos y no ven en ellos
la sangre ni los miembros mutilados

redactan edictos de muerte
cercenan manos de presuntos ladrones
y aprenden nuevos idiomas
ideando traducir libros de cuentas

siempre vendidos al mejor postor
compran manjares que después ocultan
en secretos almacenes subterráneos
y sobre tribunas deciden impávidos
dónde han de estar oriente y occidente

en torno a florecientes oasis
protegidos con cancelas de hierro
feroces mercenarios ignoran
la mirada de los desheredados
y elevan torres amuralladas
clausurando ritos en santuarios

torturan a orantes en las plazas
sublevan a hijos contra los padres
e insuflan el odio y la ambición
semejantes al gusano de tierra
ese animal sin rumbo ni señales

llegará un resplandor
circundado de diminutos reptiles
aniquilando la sombra de sus cuerpos

te aguarda la maldición de un dios
en ciudades fantasma
te aguardan naufragios en mares de sangre
y un vertedero de palabras te aguarda

cuando reunías ingentes nombres de vientos
lanzados al primer rumor de la mañana
cuando te acercabas para así consolar
con los versos con los abrazos con las dádivas
un ángel corrupto anunciaba en las alturas
agitando sanguinolentos estandartes
el reino de la noche invadiendo el paisaje
conjurando las muertes con gestos baldíos
en esta tierra que otra vez te fue usurpada

llenas de cadáveres están las casas
habitadas por un dios ebrio de sangre
que cuenta y recuenta todas sus monedas
y arranca joyas raudo de sus engarces
como tratando de evitar el pillaje

jamás se vio tanta belleza
en las estaciones de los muertos
o en las manos de Azrael
recibiendo como hoy
el tributo a su gloria

nunca vimos tal decadencia
de crespones y colgaduras
ribeteadas de oro
ondeando sin brillo en las murallas

falsa paz de los tiempos futuros
violencia y dolor del instante

injurias violaciones crímenes
cruzando puentes rotos
por rutas apartadas

coronaciones vanas
en la desolación de un navío
por siempre a la deriva

de una costa a otra
la nave irá sin quilla ni velamen
sin marinos alegres en la proa

todo cuanto ha nacido encontrará su fin
no en puertos asolados
ni en túmulos a gloria de la muerte
sino en su propia médula
en su propio existir

sin mares que contemplar
no hay esperanza de permanencia

escribir en este tiempo
enumerar las cosas una a una
no devuelve a los hombres la memoria
ni tantas vidas perdidas

el pintar alamedas no te libra
de estos campamentos confinados

el silencio de las armas
es solo un espejismo
causado por el vuelo
de unas aves errantes

huyendo a través de fronteras
que no van a ninguna parte
nunca ya podrás elegir
salvo que tu ambición y fama
de ser libre se deterioren

como el que espera una sentencia
que nadie piensa pronunciar
como el que en torreón encerrara
a amantes y a hijos que nunca tuvo
y arrojase para no volver
la llaves de los candados al mar

hombre de las arenas
nada tienes
que puedas en mercados ofrecer
o en tiendas donde los navegantes
exhiben sus corales y madréporas

no tienes nada
hombre de las arenas
que a un cambista pueda interesar
o a un lector de libros de botánica
solo bosques y jardines
que no recuerdan tus pasos

maternales las dunas
prontamente te acogen
con textos de aforismos
e ingentes cartas náuticas

tu estancia allí te ofrece
la ociosidad más bella
pero luego en su esfera
descubres las conjuras
que acaban siempre en sangre

desandar el desierto
por olas de desánimo
en un avance huérfano
de sombras protectoras
que apacigüen la sed

sin sandalias ni esencias ni túnicas
solo la dimensión de tu cuerpo
persiguiendo el rastro de las fieras

oh tú apátrida
sin puertos y sin tierras
sin tardes doradas tras la lluvia

como quien espera un mañana
cubres de rojo verde blanco y negro
la devastación reflejada en tus ojos

contemplas amargas formas
de cuerpos ultrajados e inertes
apenas unos instantes antes
enamorados

ser extranjero
vivir como extranjero
privado de alegrías
frente a las contingencias

no te protegerán los guardianes
ni embarcarás nunca más en naves
y sin ancestros o porvenir
nadie creerá tus juramentos

al fin conocerás en esto
tu verdadera condición
tu estirpe en ti extinguida

confuso al despertar adviertes
que ahora su lengua no es tu lengua

son otros gestos otras épocas
y nadie comprende tus versos

veredictos de jueces proclamando
espacios corporales de silencio
del último vestigio de tu muerte
ceniza ahora distante del amor

porque atrás quedó el trino de los pájaros
y el lecho en que el amante naufragara
con miradas que tú sabías cerca
sin poder revelarse ya en tus ojos

y no habrá ningún cuerpo
que pueda consolarte
de tan honda amargura

y quién te alentará
o quién te ofrecerá una gota de agua

esa agua que el perro desprecia
y en la que el gato se orina
meticulosamente

dentro de un huracán que aúlla en la noche
al fin serás arrojado a vertederos
yaciendo sobre pechos destrozados
sobre vísceras en pequeños cubículos
con fetos prodigiosamente puestos en pie
junto a encías carcomidas por el escorbuto
y diarios que proclaman orgullosos
los acuerdos de un consejo de ministros

para que nadie diga
que te cubrió la muerte con sangre ajena
defiende con los dientes tu desconsuelo

en el paisaje último
con miles de asesinados reclamando venganza
con las voces del poeta declamando sus versos
para la polvareda

Dormidas de espaldas a su destrucción,
olvidando el abandono, privadas de sus sueños,
volverán las hijas malditas de esta tierra
como plagas caídas de cúpulas celestes.

Cuando todo termine, tu condición y nombre
patrimonio del olvido serán.

Mientras, águilas ciegas
ignorarán el vuelo de otras aves,
mensajeras de la consumación.

imaginaria luna
de afilada silueta
y rayos incesantes
sobre las suaves cúpulas

imaginaria luna
en refulgir marino
como tú ensimismada
como tú siempre sola

por los paisajes tras la batalla
sobrevuelan versos inconclusos
y en su viaje veloz hacia el suelo
silban se entremezclan se confunden

nadie te acoge al calor del fuego
donde adolescentes saludaban
la llegada vivaz de tu cuerpo

no te invitan a ceremoniales
ni a veladas para recitar
tu desmembrado y triste poema

ilusión cancelada
de albas resurrecciones

tú siempre desplazado
por senderos perdidos
de desiertos parajes
en negras estaciones

vana esperanza de tiempos huidos
de ensoñaciones en yermos territorios
coronados de águilas inmóviles
donde unos vívidos paisajes
se deshacen entre los dedos
y donde el pez agoniza
sin agua ni memoria
en páramos quebrados

como el alma victoriosa de los muertos
jugando en el horizonte con cometas
e iniciando su paseo solitario
a través de parques y avenidas
el poema último serás

perdida toda esperanza
ya sin retornos sin juicios
y sin poder contemplar
la solución fabulada

MÁS ALLÁ

en el sueño espiral de la muerte
han quemado sus alas los ángeles
han ardido en tornados los libros
y entre plumas y gotas de tinta
han quedado enterradas y negras
las bibliotecas

ignoro quién me llevó
a ese salmo taciturno
urdido por tiempo y llanto

el viento arrastra escombros
que lanza a la deriva
cuando el ser se perdió
entre tantos fantasmas

arrojada la esperanza como un lastre
los nombres aflojan sus amarras
y ruedan las letras en la oscuridad

rueda rota la mano también
intentando alcanzar inútilmente
los paraísos dejados atrás

puede que esta urgencia solo sirva
para buscar refugio en nuestra sombra

anunciada está la derrota
en los planos de las ciudades

qué sentido puede tener
la rendición donde el terror
fundó su finca de recreo

la amnesia invade la *Kaaba*
de donde huyeron los orantes
y se abalanza sobre el credo

nadie nos habló de la inspiración de los presidios
de viajes que presenció el salitre de las naves
de suicidas que caen como anclas en el mar

en la escena aferrada a un apoyo ilusorio
que nos mantiene unidos como payasos pálidos
el aire reúne despojos en torno a un árbol

viejas fotos quemadas
devuelven los espectros
de imágenes soñadas

en el suelo dibujan
celosías los náufragos
de un océano maldito
ocultando quién sabe
qué crímenes aún

tras el fulgor de las celebraciones
tus ausencias avanzan sin retorno
como mareas persiguiendo ecos
por escenarios gélidos e inertes

en ese libro ingente que nos lee
la vida se destruye con la vida

antes de que los soles
contagien su cansancio
repetirás poeta
rituales de muerte
recordando que el hombre
no olvida el privilegio

una órbita de lunas te acompañe
al distanciar la tierra de la carne
entre ateridos árboles estériles
sabiendo cómo duele el rostro ajeno
por querer ser más joven en un pacto

volveré en carnaval con una túnica
de ojos concebidos por las horas
sobre un carro tirado por halcones
sin atender las voces de esos cantos
hipnóticos de faunos y sirenas

así podré paliar tu aburrimiento
olvidado satélite apagado
en tu paseo elíptico y pausado

si me habláis de morir
idearé un amor
de delicados sones

me meceré entre cenizas de placer
jugando con las espinas de los versos
escritos en las espaldas de la tierra
pues la verdad ha huido
en la lucha sin héroes

IN MEMORIAM

ya nómada por siempre
sentado en un jardín
cada noche cual roca
despeñada seré

me quedaré aprendiendo
a hablar con las estrellas
a la orilla de un río
en cruce de caminos

yo que te busqué siempre
por paisajes insólitos
de la mano de un ángel
quimera ahora me invitas
a inciertos paraísos

olvidar no es tan fácil
tu memoria no existe
pero tu sombra sí

EPITAFIO

Testigos importunos
de días fulgurantes,
de colores ajados,
de acres tonos monótonos…

Imágenes inciertas
de fantasmas borrosos,
que el tiempo empalidece,
reclamando las penas
ganadas a las horas…

Antes de ser cenizas
en crepitar agónico
o existir que no fue,
serán turbios tesoros
de las aguas sombrías.

EPÍLOGO

Comencé a elaborar este experimento poético en el verano de 2008, como un ejercicio de apropiacionismo literario aleatorio, íntimamente ligado a una vertiente plástica paralela y personal. La materia prima está compuesta por un *collage* de versos ajenos que, tras ser manipulados y transformados, dio origen a la presente hibridación. Resuenan en el proceso los ecos de técnicas dadaístas como el *cut-up* y los procedimientos surrealistas del "cadáver exquisito", así como el concepto duchampiano de *objet trouvé* modificado. Todo ello, siempre con la intención de cuestionar la noción de obra original, la idea misma de autoría. Se trata, pues, de una autoría coral y muchas veces diluida, de un poemario descontextualizado y ubicado en un Oriente Próximo, atravesado por el horror del presente, impregnado por la atmósfera de los últimos tiempos.

FUENTES DE LOS *REMIXES* DE “PAISAJES ABANDONADOS”

LAGO

Variaciones a partir del poemario *A veces, un ángel*, de Ana Isabel Romaguera. Valencia, Instituto de Estudios Modernistas, 1994.

OCASO

Variaciones a partir del poemario *Yo leopardo*, de Jaime B. Rosa. Valencia, Edición del autor, 1992.

NOX TENEBRARUM

Variaciones a partir de la *plaquette Génesis del amanecer*, de José Manuel Ramón. Orihuela, edición del autor, 1988.

NAKBAS

Variaciones a partir del poemario *El año en que no vimos a Emily*, de Juan Vicedo. Alicante, Aguaclara, 1994.

MÁS ALLÁ

Variaciones a partir del poemario *Los espías de Sísifo*, de Ana María Navales. Madrid, Hiperión, 1981.

IN MEMORIAM

Variación a partir del poemario *Hotel sin instancia*, de Cristina V. Meliá. Valencia, Ojuebuey, 1990.

ÍNDICE

PAISAJES ABANDONADOS

LAGO

huidas las galaxias 17
de aquí a donde lleguemos 18
silentes y desprovistos de brillo 19
viendo caer tenaz la luz 20

OCASO

al filo del abismo 23
mezquitas saqueadas 24
bajo cúpulas de fecundas raíces 25
soledad del trapecio 26
vuelo al plácido estuario 27
Retorno al principio 28
anchos y caudalosos ríos bajan 29

NOX TENEBRARUM

Hay árboles que emanan densas 33
atraviesas devastados bosques 34
huidizo espectro en noche tenebrosa 35
exhausto abdicarás al fin 36

NAKBAS

deslucido 39
manos que cercenaron 40
tras el fragor de las bombas 41

la arena ha sepultado mezquitas 42
al norte aire y fuego... 43
despiadados soldados asolan los refugios................ 44
comensales de escandalosos ágapes 45
en torno a florecientes oasis 46
llegará un resplandor 47
cuando reunías ingentes nombres de vientos.......... 48
llenas de cadáveres están las casas........................... 49
jamás se vio tanta belleza.. 50
falsa paz de los tiempos futuros............................... 51
de una costa a otra.. 52
sin mares que contemplar 53
huyendo a través de fronteras.................................. 54
hombre de las arenas... 55
maternales las dunas... 56
desandar el desierto.. 57
oh tú apátrida 58
ser extranjero.. 59
confuso al despertar adviertes.................................. 60
veredictos de jueces proclamando........................... 61
y no habrá ningún cuerpo.. 62
dentro de un huracán que aúlla en la noche........... 63
para que nadie diga 64
Dormidas de espaldas a su destrucción.................... 65
imaginaria luna... 66
por los paisajes tras la batalla 67
ilusión cancelada... 68
como el alma victoriosa de los muertos................... 69

MÁS ALLÁ

en el sueño espiral de la muerte 73
ignoro quién me llevó 74
arrojada la esperanza como un lastre 75
anunciada está la derrota 76
nadie nos habló de la inspiración 77
viejas fotos quemadas 78
tras el fulgor de las celebraciones 79
antes de que los soles 80
volveré en carnaval con una túnica 81
si me habláis de morir 82

IN MEMORIAM

ya nómada por siempre 85

EPITAFIO

Testigos importunos 89

*

Epílogo 91
Fuentes 93

Este libro se terminó de editar en Granada
en agosto de 2025 por

www.aversopoesia.com
hola@aversopoesia.com